... und der da, das bin ICH!

Ein braver, fröhlicher Junge

Immer habe ich irgendwo ein Pflaster.

leine blaue
atzhose brauche
:h dringend,
amit ich
'ichtigen
rimskrams
instecken
ann.

Meine Tennisschuhe machen mich zwar nicht gerade größer, aber sie sind unheimlich bequem.

Dimiter Inkiow

MEINE SCHWESTER KLARA

und das liebe Geld

ILLUSTRIERT VON FRITZ GOLLER

CIP-Titelaufnahme der Deutschen Bibliothek

Inkiow, Dimiter:
Meine Schwester Klara / Dimiter Inkiow. – Schreibschrift –
München : F. Schneider.

Schreibschr.
Bd. 8. ... und das liebe Geld. – 1990
ISBN 3-505-04229-3

8000 München 40 · Frankfurter Ring 150

Umschlagkonzeption: Heinz Kraxenberger
Titelbild und Illustrationen: Fritz Goller
Herstellung: Brigitte Matschl
Satz: TypoBach, München
Druck: Staudigl-Druck, Donauwörth
ISBN: 3 505 04229-3

Von „Meine Schwester Klara und das liebe Geld“ ist
auch eine erweiterte Ausgabe in Großdruck lieferbar.

Inhalt

Die Millionärin

Eines Tages kam meine Schwester Klara zu mir und verkündete: „Weißt du was? Ich habe heute was sehr Wichtiges beschlossen." „Was denn?" wollte ich wissen. „Ich habe beschlossen, sehr reich zu werden."

„Wie reich?"
„Sehr reich. So daß ich alle Taschen voller Geld habe. Und den Schulranzen auch."
Als ich das hörte, sprang ich dreimal hoch in die Luft und rief laut: „Juhu! Juhu!"
„Warum schreist du so?"
„Weil ich mich freue, Klara. Ich freue mich sehr, daß du so reich wirst. Ich kenne dich doch! Wenn du etwas sagst, tust du es immer!"
„Ich werde reich. Nicht du."
„Ja, aber ich habe dann eine reiche Schwester. Und wenn du reich bist, wirst du mir jeden Tag ein Eis kaufen. Das finde ich toll!"

2 4229-8

„Vielleicht kaufe ich dir auch gar nichts!"
„Warum denn nicht?"
„Weil reiche Menschen geizig sind. Das weiß doch jeder!"
Das fand ich sehr schlimm. Ich überlegte kurz und sagte: „Aber nicht du, Klara. Du wirst doch nicht geizig werden."
„Woher weißt du das?"
„Ich kenne dich doch. Du warst nie geizig."
„Aber vielleicht werde ich sehr geizig, wenn ich sehr reich werde."
„Ist das dein Ernst?"
„Sicher."
„Und was würdest du dann mit

dem vielen Geld machen? Alle Taschen voll mit Geld und den Schulranzen auch?"
„Ich werde es zählen", verkündete sie. „Jeden Tag."

„Warum denn jeden Tag?"
„Um zu sehen, wieviel Geld ich habe."
„Und du wirst uns gar nichts kaufen?"
„Nein", erklärte Klara. „Warum sollte ich mein schönes Geld ausgeben? Wenn ich mein Geld ausgebe, dann habe ich kein Geld mehr und bin gar nicht mehr reich. Verstehst du jetzt? Darum sind viele reiche Menschen geizig."
„Dann sind sie aber sehr arm."
„Wer?"
„Die geizigen reichen Menschen. Weil sie sich niemals etwas kaufen, aus lauter Angst, arm zu

werden. Sag mal, Klara, möchtest du echt so werden?"

„Nein."

„Dann ist es besser, wenn du deinen Plan aufgibst. Bleiben wir so, wie wir sind. Und wenn wir eine Mark haben, dann kaufen wir

uns sofort ein Eis. Okay?"
„Okay!" Klara nickte und fragte:
„Sag mal, hast du eine Mark?" Ich hatte eine Mark. Die rückte ich sofort heraus. Dann liefen wir zu der italienischen Eisdiele um die Ecke. Für fünfzig Pfennig bekam jeder eine Waffeltüte mit einer schönen, großen Kugel Eis. Ich Schokolade und Klara Erdbeere, und jeder leckte ein bißchen von der Kugel des anderen. Es schmeckte köstlich, so als ob jeder zwei Kugeln Eis hätte.
„Gut, daß wir so klug sind!" sagte Klara.
Das stimmte. Sonst hätten wir uns beide das gleiche Eis gekauft.

NEU
ERDBEER
STACHELBEER
BROMBEER
HEIDELBEER
TEDDIBÄR 1.-

Der Erbonkel

Es tat mir bald leid, daß ich Klara überredet hatte, nicht reich zu werden.
Reich sein ist sicher schön.
Wenn Klara sehr reich ist und ihren Schulranzen und alle ihre Taschen voller Geld hat, dann fällt

sicher hier und da eine Mark aus ihren vollen Taschen heraus. Ohne daß sie es überhaupt merkt, träumte ich.

Damit hätte ich mir dann etwas kaufen können. Jetzt darauf zu warten, daß aus ihren leeren Taschen eine Mark herausfiel, war hoffnungslos.

Mensch, warum war meine Schwester Klara nicht reich?

Das wäre doch für mich gar nicht so schlecht.

Ich ging zu ihr und fragte:

„Klara, wie wird man reich?"

„Woher soll ich das wissen?" sagte sie.

„Du wolltest aber vor einigen

3 4229-8

Tagen reich werden. Hast du es vergessen?"
„Nein. Ich will es auch heute noch."
„Dann müßtest du es aber wissen."
„Das weiß ich aber nicht."
„Wie willst du dann aber reich werden, wenn du es nicht weißt?"
„Das weiß ich selber nicht. Ich muß es mir überlegen."
„Hast du nie gehört, wie jemand reich geworden ist?"
„Doch. Es gibt viele Leute auf der Welt, die über Nacht reich geworden sind."
„Aber wie denn? Das machen wir denen sofort nach!"

„Kennst du das Buch ‚Der kleine Millionär'?"

„Nein."

„Es erzählt die Geschichte von einem Kind, so klein wie du, das noch nicht lesen kann und über Nacht zum Millionär wird. Mit einem Schloß, zwei Hunden, drei Dienern und vier Autos."

„Hat das Kind einen Schatz gefunden?"
„Nein!" Klara seufzte tief. „Sein Onkel ist gestorben."
„Na und?"
„Der Onkel war Millionär und

hat ihm alles hinterlassen: das Schloß, die zwei Hunde, die drei Diener, die vier Autos und noch viel, viel Geld."

„Hat sich das Kind dann sehr gefreut?"

„Nein, du Dummkopf. Es war sehr traurig."
„Aber warum denn?"
„Weil sein Onkel gestorben ist. Verstehst du das nicht?"
Ich überlegte kurz und sagte: „Doch. Jetzt bin ich auch sehr traurig."
„Aber warum denn?"
„Was heißt warum? Verstehst du das nicht?"
„Nein!"
„Weil wir nicht so einen Onkel haben, der stirbt, Klara, und uns ein Schloß, zwei Hunde, drei Diener, vier Autos und noch viel, viel Geld hinterläßt. Wir könnten alles gut gebrauchen."

Die Sparschweine

Weil wir keinen Onkel hatten, der starb und uns ein Schloß und noch viel Geld hinterließ, begannen ich und meine Schwester Klara jeden Abend fleißig zu überlegen, was wir anstellen könnten, um reich zu werden. Wir dachten

und dachten nach – es fiel uns nichts ein.
Dann schlug ich vor: „Wir müssen jemanden fragen."
Aber wen? Vielleicht Onkel Toni?
„Wenn er es wüßte", sagte Klara, „wäre er selber reich. Dann hätte er ein großes Haus und brauchte nicht in einer kleinen Wohnung zu leben."
„Dann vielleicht Papa?"
„Wenn er es wüßte", sagte Klara, „dann hätten wir auch ein großes Haus!"
„Aber wen dann?"
„Jemanden", sagte Klara, „der ein großes Haus hat."
In der Nachbarschaft gab es drei

große, schöne Häuser. Dort gingen wir hin. Wir klingelten an der ersten Tür.
Von drinnen kam ein fürchterliches Bellen. Es war sicher ein Hund, so groß wie ein Bär. Der knurrte und kratzte an der Tür. Ich und meine Schwester Klara ergriffen sofort die Flucht.
„Gut, daß uns keiner geöffnet hat", schnaufte Klara. „Der Hund hätte uns sicher gebissen."
„Nein. Der hätte uns gefressen, Klara, so groß war der."
So landeten wir vor dem zweiten Haus. Wir hatten noch nicht geklingelt, als von drinnen auch ein fürchterliches Bellen kam.

4 4229-8

„Komm", flüsterte Klara, „gehen wir weiter."
„Warum müssen alle reichen Leute Hunde haben, Klara?"
„Ganz einfach: damit die auf ihr Geld aufpassen."
Erst beim dritten Haus hatten wir Glück. Der Hausbesitzer arbeitete in seinem Vorgarten. Wir blieben bei ihm stehen. Dann fragte Klara: „Sind Sie reich?"
Ich glaube, er war ziemlich erstaunt über diese Frage. Er hob seinen Kopf und schaute uns an.
„Wie bitte?"
„Sind Sie sehr reich?"
„Was geht euch das an?"
„Viel", nickte ich. „Wir möchten

PRIVAT
EINTRITT
VERBOTEN

jemanden fragen, der reich ist, wie man reich wird. Wir möchten nämlich auch reich werden."
„Man muß sparen", sagte der reiche Mann. „Man muß jeden Pfennig sparen. Man muß jede

Mark dreimal umdrehen. Dann wird man eines Tages reich."
„Danke schön!" riefen ich und meine Schwester Klara. „Genauso werden wir es machen."
Wir liefen nach Hause. Dort untersuchten wir alle unsere Taschen und steckten die Pfennige, die wir fanden, in unsere Sparschweine.
Die eine Mark, die Oma mir gestern gegeben hatte, drehte ich sofort dreimal um. Ich steckte sie aber nicht in das Sparschwein, weil ich mir damit am Nachmittag Liebesperlen kaufen wollte.
„Wenn wir so weitersparen", meinte Klara, „dann werden wir eines Tages sicher sehr reich."

Danach haben wir zehn Tage lang gespart. Als wir dann unsere Sparschweine öffneten, waren in meinem ganze vier Mark und achtzig Pfennige.

„Klara", fragte ich, „glaubst du, wir werden bald unsere Million haben?"

„Das weiß ich nicht."

„Warum denn nicht?"
„Weil ich nicht weiß, wieviel eine Million ist."
„Dann müssen wir Papa fragen."
Papa trank gerade Kaffee in der Küche. „Papa, wieviel ist eine Million?"
„Warum wollt ihr das wissen?"

„Weil wir uns eine Million sparen möchten. Wir möchten nämlich sehr reich werden."
Papa lachte. „Das wird aber eine große Sparerei werden!" sagte er. „Paßt mal auf: Ein Jahr hat dreihundertfünfundsechzig Tage. Wenn ihr zusammen jeden Tag eine Mark spart, dann habt ihr nach einem Jahr dreihundertfünfundsechzig Mark. Nach zehn Jahren habt ihr dreitausendsechshundertfünfzig Mark. Um eine Million zu sparen, braucht ihr . . . warte, ich rechne es auf meinem Taschenrechner aus . . . dann braucht ihr zweitausendsiebenhundertneununddreißig Jahre."

5 4229-8

„Wieviel?"
„Zweitausendsiebenhundertneun-unddreißig Jahre!"
„Dann sind wir aber alle schon längst tot."
„Stimmt", nickte Papa. „Leider."
Ich schaute Klara an, Klara schaute mich an. Mit hängenden Köpfen gingen wir ins Kinder-

zimmer zurück. Sollten wir jetzt weitersparen oder nicht?
Wir überlegten. Dann seufzte meine Schwester Klara und sagte:
„Ich glaube, bei diesem reichen Mann haben seine Ur-Ur-Ur-Urahnen mit dem Sparen schon vor Christi Geburt angefangen."

Die Geldverbrenner

Eines Tages, als ich gerade in der Küche eine Banane aß, rief meine Schwester Klara wie eine Verrückte aus dem Wohnzimmer: „Schnell, komm schnell, sonst verpaßt du was!"
Sie rief so laut, daß ich mich an

der Banane fast verschluckt hätte. „Was ist los?" rief ich zurück und lief zu ihr ins Wohnzimmer. Dort sah alles wie immer aus. Es gab überhaupt nichts Aufregendes. Klara schaute fern.

„Ist das ein Krimi?" fragte ich, weil ich auf der Mattscheibe zwei Männer sah, die Bündel von großen Geldscheinen auf einem Tisch aufhäuften. So viel Geld auf einmal hatte ich vorher noch nie gesehen. „Haben die beiden eine Bank beraubt?"
„Nein."
„Was machen die denn da?"
„Das ist die Bundesbank", erklärte mir Klara. „Die beiden arbeiten dort. Der Haufen Geld, der da liegt, das sind zehn Millionen Mark. Alles echte Scheine!"
„Zehn Millionen Mark?"
Mir klappte der Kiefer herunter, als ich das hörte. So viel Geld auf

einem Haufen kann man ja nicht
jeden Tag sehen.
„Und weißt du, was sie damit jetzt
machen werden? Sie werden es
verbrennen!" sagte Klara.

„Du spinnst doch!"
„Du wirst es bald sehen!"
„Das glaube ich dir niemals. Warum sollten sie das schöne Geld verbrennen? Die sind ja nicht verrückt!"
„Das ist doch ihre Arbeit. Die sind Geldverbrenner!"
Daß es auf der Welt eine Bank

gibt, in der man Geld verbrennt, hätte ich echt nie geglaubt. Aber meine Schwester Klara hatte recht. Denn die Stimme des Sprechers im Fernsehen sagte: „Bevor das Geld in der Verbrennungsanlage landet, wird es kleingeschnitten. Im Papierwolf. Erst dann wird es den Flammen übergeben."

Jetzt begannen die Männer die dicken Geldbündel, alles Einhundert-Mark-Scheine, in eine Maschine zu werfen.

Ein dickes Bündel Hundertmarkscheine.

Zwei dicke Bündel Hundertmarkscheine.

6 4229-8

Drei dicke Bündel Hundertmark-
scheine.
Am anderen Ende kamen die
Hundertmarkscheine in dünnen
Streifen heraus. Wie Spaghetti.

Die landeten dann in einem Ofen und verbrannten mit heller Flamme. Ich war fassungslos. Vor unseren Augen wurden zehn Millionen Mark zu Staub.
Ich stellte mir vor, die beiden Männer würden statt der Scheine zehn große Häuser mit Garten - vielleicht größer und schöner als die Häuser von unseren reichen Nachbarn - zerkleinern und verbrennen.
„Die Arbeit ist getan", sagte der Sprecher. „Die beiden Herren gehen jetzt nach Hause. Sie werden morgen wiederkommen, um erneut Geld zu sortieren und zu vernichten. Denn Geld vernichten,

das ist ihr Beruf."
Jetzt war die Sendung zu Ende.
Ich seufzte und sagte: „Das gibt's ja gar nicht!"
„Doch. Du hast es selber gesehen."
„Aber warum haben die beiden das gemacht, Klara? Das verstehe ich echt nicht."
„Weil das ihr Beruf ist."
„Die müssen aber Geld wie Heu haben, wenn sie sich so einen Beruf ausgewählt haben. Wenn ich das anderen Kindern erzähle, wird mir keines glauben!"
„Es ist nicht ihr eigenes Geld."
Jetzt war ich noch fassungsloser.
„Die verbrennen fremdes Geld und

sind noch nicht im Gefängnis gelandet?"

„Nein. Sie arbeiten für die Bundesbank. Und der Herr Bankdirektor hat ihnen gesagt, sie sollen die Geldscheine vernichten, weil sie ihm nicht gefielen. Sie waren ihm viel zu schmutzig und völlig zerknittert. Solches Geld, hat er gesagt, können wir nicht mehr gebrauchen!"

„Aber wir könnten es sehr gut gebrauchen, Klara!" rief ich, weil ich plötzlich eine Idee hatte. „Unser Gemüsemann nimmt auch die schmutzigen Scheine. Das weiß ich genau. Einmal habe ich ihm einen ganz schmutzigen

Schein gegeben, der vorher in eine Pfütze gefallen war, und er hat ihn genommen! Klara, warum schreiben wir nicht einen Brief an den Herrn Bundesbankdirektor? Er soll die schmutzigen Geldscheine nicht verbrennen. Wir können sie alle sehr gut gebrauchen. So werden wir beide endlich reich!"
„Das meine ich auch!" sagte meine Schwester Klara. „Das ist keine schlechte Idee. Du wirst von Tag zu Tag klüger."
„Das weiß ich!" nickte ich.
Dann setzte ich mich neben Klara. „Schnell, schreiben wir einen Brief!" Sie nahm ein Blatt Papier und begann sofort zu schreiben.

Sehr geehrter Herr Bundesbankdirektor

Mein Bruder und ich haben uns mit
Entsetzen die Fernsehsendung ange-
sehen, wie man bei euch schmutzige
Geldscheine verbrennt. Wir haben beide
viel überlegt und schlagen euch vor:
Wenn ihr euch vor den schmutzigen
Geldscheinen ekelt, dann schickt sie
uns. Ihr braucht sie garnicht kleinzu-
schneiden und zu verbrennen. Unser
Gemüsemann nimmt alle Scheine,
auch die schmutzigen. Wir warten
auf das erste Paket.

Mit herzlichen Grüßen

KLARA

(ich unterschreibe allein, weil mein
Bruder noch nicht schreiben kann. Er
malt dir eine Blume)

„Das tue ich, das tue ich!" rief ich.
Wir schickten den Brief ab und warteten ziemlich lange. Immer in der Hoffnung, eines Tages das Paket voll mit Hundertmarkscheinen zu bekommen. Dann würden wir endlich reich sein!
„Es wird sicher als Einschreiben kommen", meinte Klara, „damit niemand es klaut."
Es kam aber kein Paket, sondern ein Brief. Darin stand:

Angela Wilkes/Claudia Zeff
Stephen Cartwright
Mein erstes Zahlenbuch
Zahlen erkennen und Zählen lernen. Ein Sachbilderbuch. Ab 4 Jahre. Großformat.
DM 19,80/ÖS 149,-
Best.-Nr.: 8804

Die beliebten Bilderbücher - farbig illustriert. Zum Vorlesen und Selberlesen.

Anne Civardi/Stephen Cartwright
Die Welt der Berufe
Ein Bilder-Wörterbuch. Ab 6 Jahre. Großformat. DM 19,80/ÖS 149,-
Best.-Nr.: 9286

Heather Amery
Meine ersten tausend Wörter
Ein Bilder-Wörterbuch für die ersten Leseschritte. Ab 4 Jahre. Großformat.
DM 19,80/ÖS 149,- Best.-Nr.: 8010

Heather Amery
Inspektor Hauptwort
Ein spannendes Sprachbuch, reich illustriert. Großformat.
DM 19,80/ÖS 149,-
Best.-Nr.: 8529

Anne Civardi
Die Wörter-Reise
2888 Begriffe in Wort und Bild. Großformat.
DM 19,80/ÖS 149,- Best.-Nr.: 9134

Claudia Zeff
Mein großes Tierbuch
Tiere erkennen und unterscheiden lernen. Ein Bilder-Wörterbuch. Großformat.
DM 19,80/ÖS 149,- Best.-Nr.: 8214

Marit Claridge/John Shackell
Mein erstes Naturbuch
Viele Experimente für junge Forscher und Entdecker. Ab 7 Jahre. Großformat.
DM 19,80/ÖS 149,- Best.-Nr.: 9502

Brenda Cook
Mein erstes Buch vom Bauernhof
Ein Sachbilderbuch über die Tiere und Geschehnisse auf einem Bauernhof.
DM 19,80/ÖS 149,-
Best.-Nr.: 4134

BENJAMIN®

Ursel Scheffler
Das ABC-Monster ▲ ● ■
Vom Umgang mit den Buchstaben. Ein Monsterspaß von A bis Z. So werden Kinder spielerisch mit dem ABC vertraut. Diesen Titel gibt es in vereinfachter Schreibschrift, Schreibschrift und Großdruck.
Je DM 8,95/ÖS 69,-
Best.-Nr.: 9506/9505/9504

▲ = Vereinfachte Schreibschrift
● = Schreibschrift
■ = Großdruck

imiter Inkiow
ie Karottennase ●
ei lustige Wintergeschichten zum
fwärmen. Genau das Richtige für
nge Winterabende.
M 8,95/ÖS 69,- Best.-Nr.: 9155

Dimiter Inkiow
Der singende Kater ●
Fünf neue Katz-und-Maus-Geschichten für alle Kinder, die Katzen und Mäuse mögen.
DM 8,95/ÖS 69,- Best.-Nr.: 4074

Aleš Vrtal
Die Geschichte vom unzufriedenen Hasen ●
Der Hase hat einen großen Wunsch, nämlich eine Wurst zu essen. Doch als sein Wunsch in Erfüllung geht, ist er enttäuscht...
DM 7,95 /ÖS 65,- Best.-Nr.: 4153

Alfons Schweiggert
Simsalabimbam ■
Lauter lustige Zauberergeschichten. Neun Zauberern macht es einfach riesigen Spaß, ihre Zauberkünste zu zeigen.
DM 8,95/ÖS 69,-
Best.-Nr.: 4145

BENJAMIN®

▲ = Vereinfachte Schreibschrift
● = Schreibschrift
■ = Großdruck

Rudolf Herfurtner
Käpt'n Erwin segelt zur Schokoladeninsel ■
Erwin möchte neue Freunde finden. Eine tolle Idee hilft ihm dabei.
DM 8,95/ÖS 69,- Best.-Nr.: 882

Sabine Jörg
Zwei Schweinchen sehen fern ●
Diese lustige Geschichte fordert Kinder dazu auf, über dem Fernsehen Freunde und Spiele nicht zu vergessen.
DM 7,95/ÖS 65,- Best.-Nr.: 9586

Ursel Scheffler
Die Weihnachtsgrippe ■
Eine lustige Weihnachtsgeschichte. Mit Weihnachtsanhängern zum Ausschneiden.
DM 7,95/ÖS 65,- Best.-Nr.: 4152

Karlhans Frank
Sonntags kommt die Zauberkatze ■
Eine verrückte, lustige Sonntagmorgengeschichte.
DM 8,95/ÖS 69,- Best.-Nr.: 9230

Dimiter Inkiow
Der versteckte Sonnenstrahl ●
Die bezaubernde Fabel von einem Sonnenstrahl, der Schiedsrichter bei einer Wette sein soll.
DM 8,95/ÖS 69,- Best.-Nr.: 8034

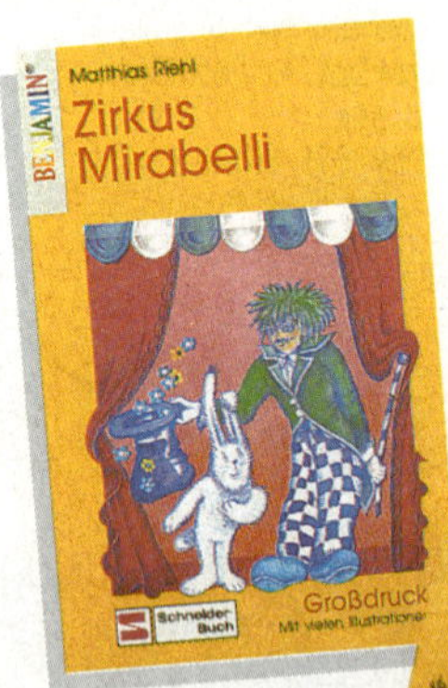

Matthias Riehl
Zirkus Mirabelli ■
Eine Zirkusgeschichte zum Lachen und Nachdenken.
DM 7,95/ÖS 65,- Best.-Nr.: 8157

Ursel Scheffler
Sascha, der kleine Elefant ●
Die spannenden Abenteuer des kleinen Elefanten Sascha, der auszog, um ein berühmter Elefant zu werden.
DM 7,95/ÖS 65,- Best.-Nr.: 7889

BENJAMIN®

▲ = Vereinfachte Schreibschrift
● = Schreibschrift
■ = Großdruck

Max Kruse
Flori geht zur Schule ▲ ●
Weil Flori stets andere Dinge im Kopf hat, kommt er immer zu spät zur Schule. Dieses Buch gibt es in vereinfachter Schreibschrift und in Schreibschrift.
DM 8,95/ÖS 69,- Best.-Nr.: 8255
Best.-Nr.: 4225

ne Weber
n zähl die Schäfchen
ns, zwei, drei ●
t viel Phantasie kann ein lang-
iliger Sonntagmorgen so richtig
fregend werden.
\ 8,95/ÖS 69,- Best.-Nr.: 8960

š Vrtal
'illst du mein Freund sein
agt die Maus ●
e Geschichte von der Maus, die
ien starken Freund sucht.
\ 8,95/ÖS 69,- Best.-Nr.: 4103

na Thaler
urra, ich gehe
die 1. Klasse ■
nfache Geschichten, die Kinder auf
e Schulzeit vorbereiten.
\ 8,95/ÖS 69,- Best.-Nr.: 9601

Max Kruse
Du bist schon 6 ■
Wundersame Geschichten und Märchen rund ums sechste Lebensjahr.
DM 9,80/ÖS 79,-
Best.-Nr.: 9130
Diese Titel gibt es ebenfalls:
• Du bist schon 5 • Du bist schon 7 • Du bist schon 8

René Rilz
Mein erstes Witzbuch ■
Ein fröhliches Buch für alle Kichererbsen.
Mit vielen Witzen, auch zum Weitererzählen.
DM 7,95/ÖS 65,-
Best.-Nr.: 4104

BENJAMIN®

▲ = Vereinfachte Schreibschrift
● = Schreibschrift
■ = Großdruck

Chris Oberhuemer
Lieber kleiner Hamster ●
Für Stefan und Clemens geht ein Wunsch in Erfüllung.
DM 7,95/ÖS 65,- Best.-Nr.: 7763

Maren Müller
Lieber kleiner Igel ●
Eine Geschichte, bei der Kinder lernen, was Verantwortung bedeutet.
DM 7,95/ÖS 65,- Best.-Nr.: 8262

Bernd Küsters
Briefträger Brausewetter ●
Dem Briefträger Brausewetter tun di
Füße weh. Da hat er eine tolle Idee.
DM 8,95/ÖS 69,- Best.-Nr.: 98

Der liebenswerte **Detektiv Hans Hase** und seine Freunde setzen sich für die Umwelt ein und lösen in jedem Band auf pfiffige Weise einen Fall. Diese Reihe umfaßt 6 Bände, jeweils in Großdruck.

Pierre Coran
Detektiv Hans Hase ■
Der Karottenbetrug (Bd. 1)
Kunstdünger in Karotten – wieder ein Fall für Hans Hase.
DM 7,95/ÖS 65,- Best.-Nr.: 4113

Pierre Coran
Detektiv Hans Hase
Fluß in Gefahr (Bd. 2) ■
Der Fluß ist total verdreckt. Detektiv Hans Hase und seine Freunde wollen etwas dagegen unternehmen.
DM 7,95/ÖS 65,- Best.-Nr.: 4114

Ingrid Uebe
Ich wünsch mir einen Vogel ●
Von der Freundschaft zwischen Tiere
und Kindern.
DM 8,95/ÖS 69,- Best.-Nr.: 920

Pierre Coran
Detektiv Hans Hase
Die Pfeiffendiebe (Bd. 3) ■
Der Hund des Försters leidet unter dem Pfeiffenrauch seines Herrn. Auch hier weiß Detektiv Hans Hase Rat. DM 7,95/ÖS 65,- Best.-Nr.: 4115

Dimiter Inkiow
Maus und Katz ●
Vier freche Geschichten von der Katze Elvira und der Maus Micki.
DM 7,95 /ÖS 69,-
Best.-Nr.: 8417

BENJAMIN®

▲ = Vereinfachte Schreibschrift
● = Schreibschrift
■ = Großdruck

'estum
chts bin ich ein Astronaut,
er das weiß keiner ■
Georg sich nachts in einen
onauten verwandelt, wird hier
aten.
9,80 /ÖS 79,- Best.-Nr.: 9891

'estum
chts bin ich eine Hexe,
er das weiß keiner ■
abeth verrät, wie sie sich nachts in
kleine Hexe verwandelt.
9,80/ÖS 79,- Best.-Nr.: 9890

x Kruse/Erich Hölle
mel in der See (Bd. 3) ● ■
ne Abbildung)
9,80/ÖS 79,-
t.-Nr.: 4230 Best.-Nr.: 9789

x Kruse/Erich Hölle
mels
ler Streich (Bd. 4) ● ■
il Wissenschaftler versuchen,
Insel Titiwu zu
rschen, läßt
Urmel etwas
es einfallen,
sie wieder
vertreiben.
9,80/ÖS 79,-
t.-Nr.: 4231
t.-Nr.: 9818

Urmel, das freche kleine Urtier mit der Nilpferdschnauze.
6 Bände sind bereits in dieser Serie erschienen. Die Reihe wird fortgesetzt. Die Titel gibt es in Großdruck und bis Band 4 in Schreibschrift.

Max Kruse/Erich Hölle
Urmel kommt zur Welt (Bd.1) ● ■
Hier beginnen die lustigen und spannenden Abenteuer des kleinen Urmel.
DM 9,80/ÖS 79,- Best.-Nr.: 9605
Best.-Nr.: 4031

Max Kruse/Erich Hölle
Urmel auf dem Mond (Bd. 2) ● ■
Professor Tibatong und seine Tiere fliegen zum Mond.
DM 9,80/ÖS 79,-
Best.-Nr.: 4032
Best.-Nr.: 9606

Max Kruse/Erich Hölle
Urmels neuer Freund (Bd. 5) ■
Bei einem Ausflug zum Nordpol schließt Urmel Freundschaft mit einem kleinen Seehund.
DM 9,80/ÖS 79,- Best.-Nr.: 4023

Eva-Maria Brehm/Wolfgang Kerler
Die Ratzlkinder ▲
Die Ratzlkinder leben gemütlich au
einer Müllhalde. Eines Tages gehen
sie auf große Entdeckungsreise. Es
wird ein echtes Müllabenteuer.
DM 9,80/ÖS 79,- Best.-Nr.: 95

▲ = Vereinfachte Schreibschrift
● = Schreibschrift
■ = Großdruck

Die lustigen Streiche von Klara und ihrem kleinen Bruder.
14 Bände gibt es bereits von dieser Serie. 6 Titel davon sind auch in Schreibschrift erhältlich. Die Serie wird fortgesetzt.

Dimiter Inkiow
Meine Schwester Klara und die Pfütze (Bd. 3) ● ■
Welche folgenreiche Rolle eine Pfütze spielen kann, erfahrt ihr in dieser lustigen Geschichte von Klara und ihrem kleinen Bruder.
DM 9,80/ÖS 79,- Best.-Nr.: 8278

Dimiter Inkiow
Meine Schwester Klara und die Geister (Bd.1) ● ■
Klara und ihr Bruder verkleiden sich als Gespenster...
DM 8,95/ÖS 69,- Best.-Nr.: 4107

Dimiter Inkiow
Meine Schwester Klara und der Haifisch (Bd. 4) ● ■
Klara und ihr Bruder auf Haifischjagd... Eine Geschichte, die euch bestimmt zum Lachen bringt.
DM 8,95/ÖS 69,- Best.-Nr.: 4110

Dimiter Inkiow
Meine Schwester Klara und ihr Schutzengel (Bd. 5) ● ■
Die Sache mit Klaras Schutzengel bereitet Klaras Bruder Kopfzerbrechen.
DM 9,80/ÖS 79,- Best.-Nr.: 8735

Dimiter Inkiow
Meine Schwester Klara und der Piratenschatz (Bd. 14) ●
Mit einer Schatzkarte gehen die bei
Geschwister auf abenteuerliche Schatzsuche.
DM 9,80/ÖS 79,- Best.-Nr.:402

Liebe Klara!

Dein Brief hat mich sehr gefreut. Leider kann ich Deine Bitte nicht erfüllen. Weil wir anstelle jedes Geldscheines, den wir vernichten, einen neuen nachdrucken. Den schicken wir weiter an die Bank, die uns den schmutzigen Schein geschickt hat. Hundert Mark gegen hundert Mark! Wenn Du einen schmutzigen Hundertmarkschein hast, kannst Du ihn uns schicken. Dafür wirst Du sofort einen neuen bekommen.

Grüß bitte Deinen kleinen Bruder.

Mit herzlichen Grüßen

Der Bundesbankdirektor

So sind wir, ich und meine Schwester Klara, doch nicht reich geworden. Wir mußten weiter neue Wege suchen.

7 4229-8

Der Bettler

Wir hatten ihn zum ersten Mal an einem Samstag gesehen. Als Mama, ich und meine Schwester Klara in den Supermarkt gingen. Um einzukaufen. Er saß vor dem Supermarkt mit ausgestreckter Hand und starrte vor sich hin.

Vor ihm lag ein Stück Pappe.
Darauf war etwas geschrieben.
Meine Schwester Klara blieb
sofort davor stehen und las laut:
„Arm und krank. Bitte um eine
kleine Gabe."
„Was ist das: eine kleine Gabe?"
wollte ich wissen.
„Es ist ganz einfach: Wir müssen
ihm etwas geben."
Klara suchte sofort in ihren
Taschen und legte dem armen und
kranken Mann fünfzig Pfennig
in die Hand. Ich suchte auch in
meinen Taschen und legte ihm
zwanzig Pfennig in die Hand.
„Du mußt ihm auch etwas geben,
Mama", sagte Klara.

Mama steckte dem armen und kranken Mann eine Mark in die Hand.
„Danke", sagte er.
Dann gingen wir einkaufen. Als wir aus dem Supermarkt kamen, sahen wir ihn immer noch dort sitzen.
Von diesem Tag an sahen wir den Mann öfter mit seinem Schild dort sitzen. Wir schenkten ihm immer etwas.
Einmal, als es sehr kalt war, merkten wir, daß er keinen Hut auf seinem Kopf hatte. „Mensch", sagte Klara, „er muß aber sehr arm sein, wenn er sich keinen Hut kaufen kann."

„Ohne Hut wird er sich erkälten und noch kränker werden", meinte ich. „Dann wird auf seinem Schild stehen ‚arm und ganz krank'. Sollten wir ihm nicht einen Hut von Papa schenken?"
Leider hatte Papa keinen alten Hut. So beschlossen ich und meine Schwester Klara, heimlich

den einzigen Hut von Papa zu opfern. Dann würde sich Papa einen neuen Hut kaufen. Er ist ja nicht arm.
Klara steckte Papas Hut in eine Tüte, und wir gingen zum Supermarkt, um unseren Bettler zu suchen. Leider war er nicht da. Vielleicht weil es so kalt war?
Wir suchten ihn vergeblich. Auch in den nächsten Tagen. Wir konnten ihn aber nicht finden. Am Samstag gingen wir mit Mama wieder zum Supermarkt einkaufen. Unser Bettler war wieder nicht da. Als Mama an der Kasse die Samstagszeitung mit dem Fernsehprogramm in die Einkaufstasche

steckte, las meine Schwester Klara plötzlich ganz laut die Überschrift: „Stadtbekannter Bettler als reicher Mann gestorben."
Da war auch ein Bild. Es war unser Bettler.
Er war sicher gestorben, weil er in der Kälte ohne Hut bettelte.
„In seiner Matratze", las mir Klara vor, „hat man mehr als hunderttausend Mark gefunden."
Ich und meine Schwester Klara haben uns sehr gewundert.
Warum hatte er sich keinen Hut von seinem Geld gekauft?
Dann wäre er sicher nicht gestorben.
Wir überlegten und überlegten.

Dann meinte meine Schwester Klara: „Er hat viel gespart und sich nichts gekauft, weil er als reicher Mann sterben wollte." Und sie zeigte mir das Bild von der aufgeschnittenen Matratze.

„Klara", rief ich laut, „Klara!"

„Was denn?"

„Bei uns im Gang, im Keller, liegt seit Monaten auch eine alte Matratze. Vielleicht ist sie voll mit Geld!"

„Stimmt", nickte Klara.

„Die gehört, glaube ich niemandem. Oder einem, der schon gestorben ist. Gehen wir schnell und schneiden wir sie auf, damit

uns nicht jemand zuvorkommt."
„Gute Idee", sagte Klara. „Ich nehme die große Schere!"
„Und ich die kleinere!"
Wir nahmen die Scheren und liefen in den Keller. Dort lag ganz hinten im Gang die alte Matratze. Wir machten uns sofort an die Arbeit. Klara schnitt von einer Seite, ich von der anderen.
Ritsch.
Ratsch.
Rrritsch!
Wir schnitten und suchten, fanden aber nur verrostete Sprungfedern. War das nicht ärgerlich? Warum hatten wir uns so viel Mühe gegeben?

8 4229-8

Wir ließen die zerschnittene Matratze liegen und gingen spielen. Da hörten wir plötzlich unseren Hausmeister, Herrn Kleppal, fürchterlich schimpfen. „Jemand hat meine alte Matratze im Keller zerschnitten! Wenn ich den nur finde . . . , wenn ich den nur finde . . ."

Als ich und meine Schwester Klara das hörten, machten wir uns, so schnell wir konnten, aus dem Staub.
„Es ist besser", sagte Klara, „wenn er uns hier nicht sieht!"

Meine-Schwester-Klara-Serie von Dimiter Inkiow:

HABE ICH WÜNSCHE ICH MIR

GROSSDRUCK

Meine Schwester Klara und die Geister (Band 1)
Meine Schwester Klara und der Löwenschwanz (Band 2)
Meine Schwester Klara und die Pfütze (Band 3)
Meine Schwester Klara und der Haifisch (Band 4)
Meine Schwester Klara und ihr Schutzengel (Band 5)
Meine Schwester Klara und der Schneemann (Band 6)
Meine Schwester Klara und ihr Geheimnis (Band 7)
Meine Schwester Klara und das liebe Geld (Band 8)
Meine Schwester Klara und die große Wanderung (Band 9)
Meine Schwester Klara und ihre Kochlöffel (Band 10)
Meine Schwester Klara und das Lachwürstchen (Band 11)
Meine Schwester Klara und der Osterhase (Band 12)
Meine Schwester Klara und die geschenkte Maus (Band 13)
Meine Schwester Klara und der Piratenschatz (Band 14)
Meine Schwester Klara und Oma Müllers Himbeeren (Band 15)
Meine Schwester Klara und ihre Mäusezucht (Band 16)

SCHREIBSCHRIFT (in gekürzter Form)

Meine Schwester Klara und die Geister (Band 1)
Meine Schwester Klara und der Löwenschwanz (Band 2)
Meine Schwester Klara und die Pfütze (Band 3)
Meine Schwester Klara und der Haifisch (Band 4)
Meine Schwester Klara und ihr Schutzengel (Band 5)
Meine Schwester Klara und der Schneemann (Band 6)
Meine Schwester Klara und ihr Geheimnis (Band 7)
Meine Schwester Klara und das liebe Geld (Band 8)

Gib diesen Wunschzettel deinen Eltern oder Großeltern oder allen, die dir gerne eine Freude machen wollen.

Das bin ich von hinten

Meine orangefarbene Mütze macht aus mir einen sportlichen Typ.

Wegen eines kleinen Zwischenfalles trage ich mein Pflaster hier auf der rechten Seite.

Siehst du, wie praktisch!
Auch hinten hat meine Latzhose noch zwei Taschen.